Impressum
Verlag: BABADADA GmbH, Nedderfeld 112 , 22529 Hamburg
Geschäftsführer / Verlagsleitung: Harald Hof
Druck: Books on Demand GmbH, In de Tarpen 42, 22848 Norderstedt

Imprint
Publisher: BABADADA GmbH, Nedderfeld 112 , 22529 Hamburg, Germany
Managing Director / Publishing direction: Harald Hof
Print: Books on Demand GmbH, In de Tarpen 42, 22848 Norderstedt

مکتب

school

صنف درسی
klaslokaal
تقسیم کردن
delen
186/2
speelplaats
تخته
bord
معلم
leerkracht
کاغذ
papier
نوشتن
schrijven
خودکار
pen
میز کار
bureau
خط کش
liniaal
کتاب
boek
شاگرد
leerling

بیگ مکتب

schooltas

قلم دانی

pennenzak

پنسل

potlood

پنسل تراش

puntenslijper

پنسل پاک

gom

کتابچه رسم

tekenblok

نقاشی

tekening

برس رنگ زنی

verfborstel

بکسک رنگه

verfdoos

قیچی

schaar

سریش

lijm

کتاب تمرین

werkboek

کار خانگی

huiswerk

12

عدد

nummer

2+2

جمع کردن

optellen

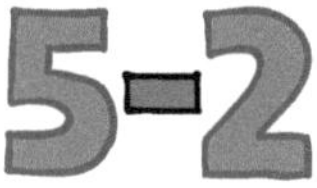

5-2

تفریق کردن

aftrekken

2×2

ضرب کردن

vermenigvuldigen

حساب کردن

rekenen

A

حرف

letter

ABCDEFG HIJKLMN OPQRSTU VWXYZ

الفبا

alfabet

hello

کلمه

woord

متن

tekst

خواندن

Lezen

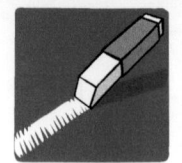

تباشیر

krijt

درس

les

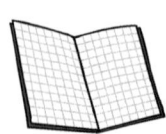

ثبت نام

klassenboek

امتحان

examen

تصدیقنامه

certificaat

یونیفورم مکتب

schooluniform

تحصیل

onderwijs

دانشنامه

encyclopedie

پوهنتون

universiteit

مایکروسکوپ

microscoop

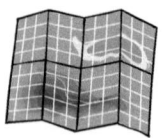

نقشه

kaart

سبد کاغذ باطله

papiermand

سفر

reis

هوتل
hotel
لیلیه
jeugdherberg
دفتر صرافی
wisselkantoor
بیگ سفری
koffer
موتر
auto

زبان

....

Taal

بلی / نخیر

....

ja / nee

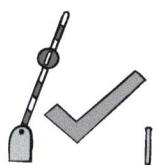

بسیار خوب

....

oké

سلام

....

hallo

مترجم

....

vertaler

تشکر از شما

....

bedankt

قیمتش چقدر است؟

Hoeveel kost …?

نمی فهمم

Ik begrijp het niet

مشکل

probleem

عصر بخیر! / شب بخیر!

Goedenavond!

صبح بخیر!

Goedemorgen!

شب بخیر!

Goedenavond!

خداحافظ

Tot ziens

مسیر

richting

بار مسافر

bagage

بیگ

zak

بیگ پشتکی

rugzak

مهمان

gast

اطاق

kamer

بستره خواب سیار

slaapzak

خیمه

tent

معلومات توریستی

toeristeninformatie

ساحل

strand

کریدیت کارت

kredietkaart

صبحانه

ontbijt

طعام چاشت

lunch

غذای شام

avondeten

تکت

ticket

لفت

lift

مهر

postzegel

مرز

grens

گمرک

douane

سفارتخانه

ambassade

ویزه

visum

پاسپورت

paspoort

حمل و نقل

transport

طیاره
vliegtuig
کشتی
schip
موتر اطفاییه
brandweerwagen
بس
bus
لاری
vrachtwagen
قایق موتوری
motorboot
بایسکل
fiets
موتر
auto

کشتی
veerboot

قایق
boot

موترسایکل
motor

موتر پولیس
politiewagen

موتر مسابقه
racewagen

موتر کرایی
huurauto

اشتراک وسایط

carpoolen

جرثقیل

sleepwagen

موتر حمل زباله

vuilniswagen

موتور

motor

تیل

benzine

تانک تیل

benzinestation

علامت ترافیکی

verkeersbord

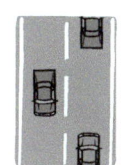

عبور و مرور

verkeer

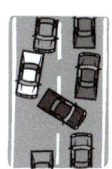

راهبندان

file

پارک وسایط

parkeerplaats

ایستگاه ریل

station

خط ریل

sporen

ریل

trein

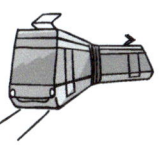

ریل برقی

tram

واگن

wagon

هلیکوپتر

helikopter

میدان هوایی

luchthaven

برج

toren

مسافر

passagier

کانتینر

container

کارتن

karton

گادی

kar

سبد

mand

پرواز کردن / فرود آمدن

opstijgen / landen

شهر

stad

قریه

dorp

تیاتر شهر

stadscentrum

خانه

huis

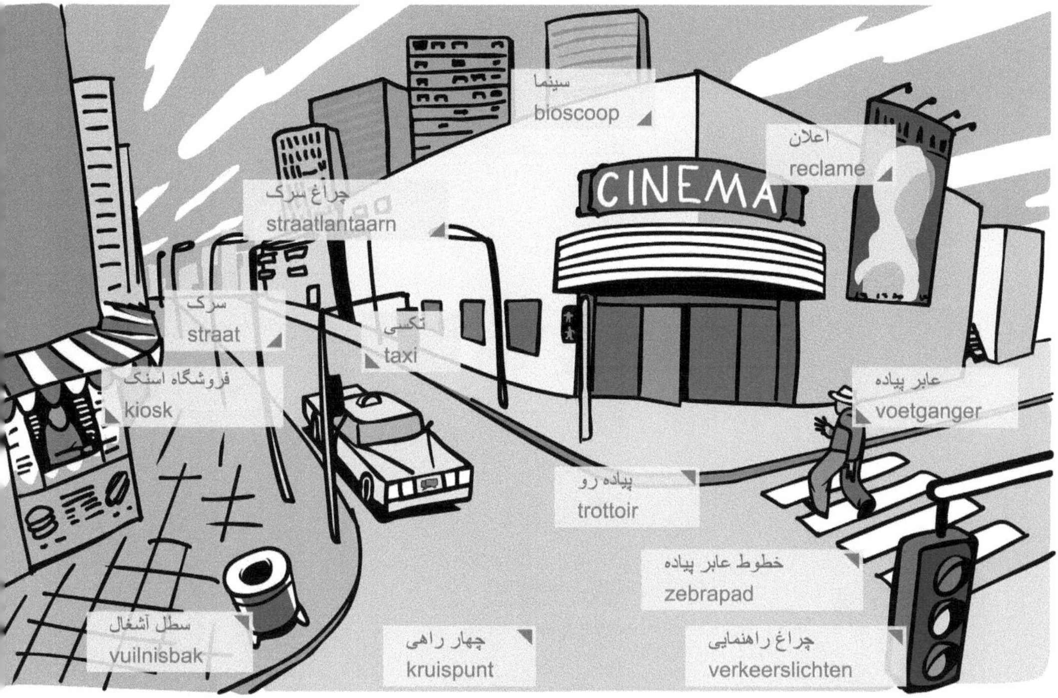

CINEMA
سینما
bioscoop
اعلان
reclame
چراغ سرک
straatlantaarn
سرک
straat
تکسی
taxi
فروشگاه اسنک
kiosk
عابر پیاده
voetganger
پیاده رو
trottoir
خطوط عابر پیاده
zebrapad
سطل آشغال
vuilnisbak
چهار راهی
kruispunt
چراغ راهنمایی
verkeerslichten

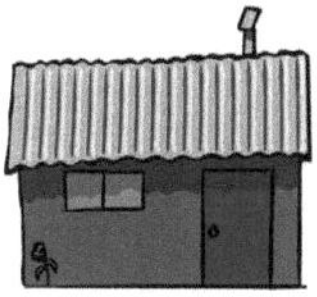

کلبه
....
hut

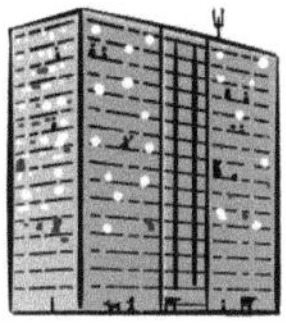

آپارتمان
....
woning

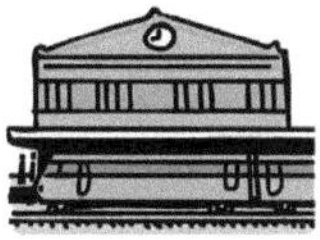

ایستگاه ریل
....
station

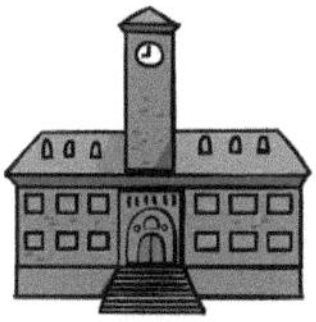

تالار شهر
....
stadshuis

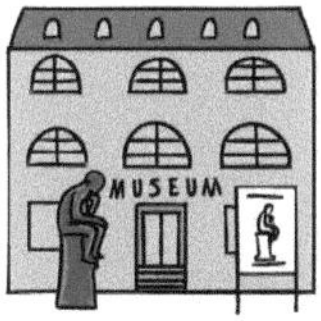

MUSEUM

موزیم
....
museum

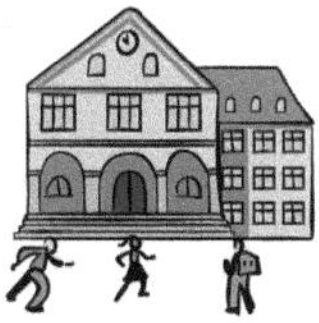

مکتب
....
school

پوهنتون

universiteit

بانک

bank

شفاخانه

ziekenhuis

هوتل

hotel

دواخانه

apotheek

دفتر

kantoor

کتابفروشی

boekwinkel

مغازه

winkel

گل فروشی

bloemenwinkel

سوپر مارکیت

supermarkt

فروشگاه

markt

فروشگاه

warenhuis

ماهی فروشی

vishandelaar

مرکز خرید

winkelcentrum

بندر

haven

پارک

park

دراز چوکی

bank

پل

brug

زینه ها

trap

مترو

metro

تونل

tunnel

ایستگاه بس

bushalte

میخانه

bar

رستورانت

restaurant

صندوق پست

brievenbus

علامت سرک

straatnaambord

ماشین پارکو متر

parkeermeter

باغ وحش

zoo

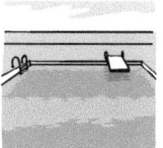

حوض آببازی

zwembad

مسجد

moskee

مزرعه

boerderij

آلوده گی

milieuverontreiniging

قبرستان

kerkhof

کلیسا

kerk

میدان بازی

speelplaats

معبد

tempel

چشم انداز

landschap

برگ
blad

لوحه
wegwijzer

راه
weg

علفزار
weide

سنگ
steen

درخت
boom

کوهنورد
wandelaar

دریا
rivier

علف
gras

گل
bloem

دره
....
vallei

تپه
....
heuvel

دریاچه
....
meer

جنگل
....
bos

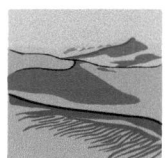

صحرا
....
woestijn

آتشفشان
....
vulkaan

قلعه
....
kasteel

رنگین کمان
....
regenboog

سمارق
....
paddenstoel

درخت آلو
....
palmboom

پشه
....
mug

مگس
....
vlieg

مورچه
....
mier

زنبور
....
bijl

عنکبوت
....
spin

قانغوزک

kever

بقه

kikker

موش خرما

eekhoorn

خارپشت

egel

خرگوش صحرایی

haas

بوم

uil

پرنده

vogel

مرغابی

zwaan

خوک وحشی

wild zwijn

گوزن

hert

گوزن شمالی

eland

بند آب

dam

توربین بادی

windturbine

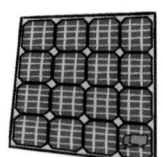

صفحه خورشیدی

zonnepaneel

آب و هوا

klimaat

رستورانت
restaurant

پیشخدمت
ober
مینوی غذا
menu
چوکی
stoel
سوپ
soep
پیتزا
pizza
قاشق و پنجه و کارد
bestek
روی میزی
tafelkleed

پیش غذا
....
voorgerecht

غذای اصلی
....
hoofdgerecht

شرینی
....
nagerecht

نوشیدنی ها
....
drankjes

غذا
....
eten

بوتل
....
fles

فاست فود
....
fastfood

غذای کنار سرک
....
street food

چاینک/ترموز
....
theepot

قندانی
....
suikerpot

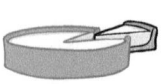

بخش غذا
....
portie

دستگاه اسپرسو
....
espressomachine

چوکی بلند
....
kinderstoel

بل
....
rekening

پطنوس
....
dienblad

چاقو
....
mes

پنجه
....
vork

قاشق
....
lepel

قاشق چای خوری
....
theelepel

دستپاک دسترخوان یا میز
....
serviette

گیلاس
....
glas

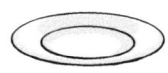

بشقاب

bord

بشقاب سوپ

soepbord

نعلبکی

schoteltje

چتنی

saus

نمکدان

zoutvatje

آسیاب مرچ

pepermolen

سرکه

azijn

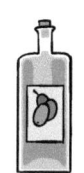

روغن خوراکی

olie

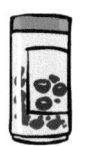

ادویه

kruiden

کچاپ

ketchup

ساس خردل

mosterd

مایونز

mayonaise

سوپر مارکیت

supermarkt

پیشنهاد خاص
aanbieding
مشتری
klant
لبنیات
zuivelproducten
میوه
fruit
چرخ دستی
winkelwagen

قصابی

slagerij

نانوایی

bakkerij

وزن کردن

wegen

سبزیجات

groenten

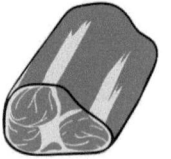

گوشت

vlees

غذای منجمد

diepvriesvoedsel

غذای سرد

charcuterie

غذای کنسر شده

conserven

پودر رختشویی

waspoeder

شیرینی

snoep

لوازم خانگی

huishoudproducten

محصولات پاک کننده

schoonmaakproducten

فروشنده

verkoopster

دخل پیسه

kassa

صندوقدار

kassier

لست خرید

boodschappenlijstje

ساعات کاری

openingstijden

بکسک جیبی

portefeuille

کریدیت کارت

kredietkaart

بیگ

tas

بیگ پلاستیکی

plastieken zakje

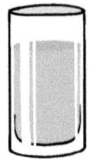

نوشیدنی ها

drankjes

آب

water

جوس

sap

شیر

melk

نوشابه

cola

شراب

wijn

بیر

bier

الکول

alcohol

ککو

cacao

چای

thee

قهوه

koffie

اسپرسو

espresso

کاپوچینو

cappuccino

کیله

banaan

سیب

appel

مالته

sinaasappel

تربوز

meloen

لیمو

citroen

زردگ

wortel

سیر

knoflook

چوب خیزران

bamboe

پیاز

ajuin

سمارق

champignon

مغزیات

noten

آش

noodles

مکرونی
....
spaghetti

برنج
....
rijst

سلاد
....
salade

چیپس
....
frieten

کچالو سرخ کرده
....
gebakken aardappelen

پیتزا
....
pizza

همبرگر
....
hamburger

ساندویچ
....
sandwich

کتلت
....
kalfslapje

همبرگر
....
ham

سالامی
....
salami

ساسچ
....
worst

مرغ
....
kip

کباب
....
braden

ماهی
....
vis

فرنی جو

havervlokken

صبحانه رژیمی

muesli

کورن فلکس

cornflakes

آرد

bloem

کروسانت

croissant

قرص نان

pistolet

نان خشک

brood

توست / نان بریان

toast

بیسکیت

koekjes

مسکه

boter

چکه

kwark

کیک

taart

تخم مرغ

ei

تخم مرغ سرخ شده

spiegelei

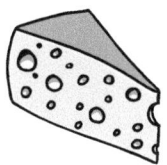

پنیر

kaas

آیسکریم

ijs

شکر

suiker

عسل

honing

مربا

confituur

مسکه چاکلیت

choco

زردچوبه هندی

curry

مزرعه
boerderij

گودام غله
schuur
خرمن گاه
strobaal
زمین زراعتی
veld
اسب
paard
تریلر
aanhangwagen
کره اسب
veulen
تراکتور
tractor
خر
ezel
گوسفند
schaap
بره
lam

بز
geit

گاو
koe

گوساله
kalf

خوک
varken

خوکچه
biggetje

گاو نر
stier

قاز

gans

مرغابی

eend

چوچه مرغ

kuiken

مرغ

kip

خروس

haan

موش صحرایی

rat

پیشک

kat

موش

muis

گاومیش

os

سگ

hond

خانه سگ

hondenhok

خانه باغ

tuinslang

آبپاش

gieter

داس

zeis

قولبه کردن

ploeg

داس

sikkel

کج بیل

schoffel

چنگال باغبانی

hooivork

تبر

bijl

کراچی

kruiwagen

تغار

trog

قوطی شیر

melkkan

بوجی

zak

دیوار مرزی از چوب یا سیم خار دار

hek

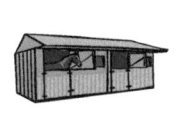

پایدار

stal

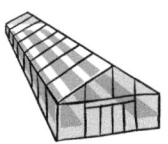

گلخانه

broeikas

خاک

bodem

تخم

zaad

کود

mest

ماشین درو وخرمنکوبی

maaidorser

درو کردن

oogsten

درو

oogst

کچالو شرین

yam

گندم

tarwe

سویا

soja

کچالو

aardappel

جواری

maïs

کلزا

koolzaad

درخت میوه

fruitboom

مانیوک

maniok

غلات و حبوبات

graan

خانه

huis

دودکش
schoorsteen
پشت بام
dak
آب رو
regenpijp
کلکین
raam
گراج
garage
زنگ دروازه
deurbel
دروازه
deur
سطل زباله
vuilnisbak
صندوق نامه
brievenbus
باغچه
tuin

اطاق نشيمن
....
woonkamer

حمام / دستشویی
....
badkamer

آشپزخانه
....
keuken

اطاق خواب
....
slaapkamer

اطاق اطفال
....
kinderkamer

اطاق پذیرایی
....
eetkamer

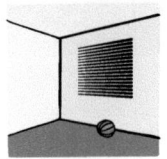

کف زمین

vloer

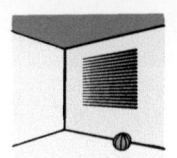

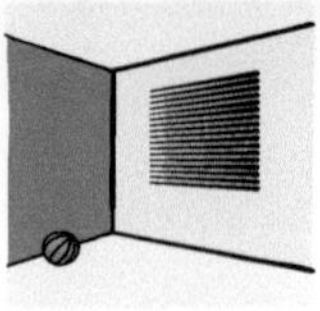

دیوار

muur

سقف

plafond

گودام زیر زمینی

kelder

سونا

sauna

بالکن

balkon

برنده / بالکن

terras

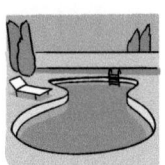

حوض

zwembad

ماشین درو کردن چمن

grasmaaier

ورق کاغذ

dekbedovertrek

روجایی

dekbed

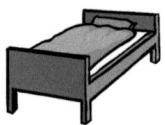

تختخواب

bed

جارو

bezem

سطل

emmer

سویچ

schakelaar

اطاق نشیمن

woonkamer

کاغذ دیواری
behangpapier
تصویر
foto
چراغ
lamp
قفسه
schap
کابینت
kast
تلویزیون
televisie
بخاری دیواری
open haard
گل
bloem
بالشت
kussen
کوچ
sofa
گلدان
vaas
ریموت کنترول
afstandsbediening

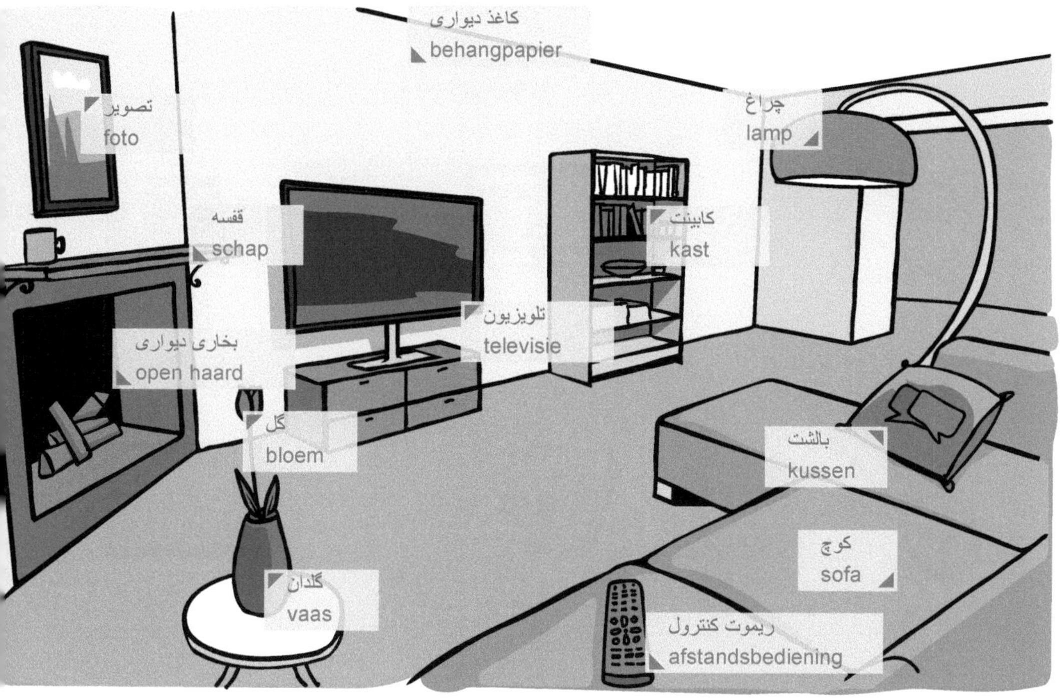

فرش

mat

پرده

gordijn

میز

tafel

چوکی

stoel

چوکی گهواره یی

schommelstoel

چوکی دسته دار

fauteuil

كتاب

………………

boek

كمپل

………………

deken

دکوراسیون

………………

decoratie

هیزم

………………

brandhout

فلم

………………

film

سیستم های فای

………………

stereo-installatie

کلید

………………

sleutel

روزنامه

………………

krant

تابلوی نقاشی

………………

schilderij

پوستر

………………

poster

رادیو

………………

radio

دفتر

………………

notitieboekje

جاروبرقی

………………

stofzuiger

کاکتوس

………………

cactus

شمع

………………

kaars

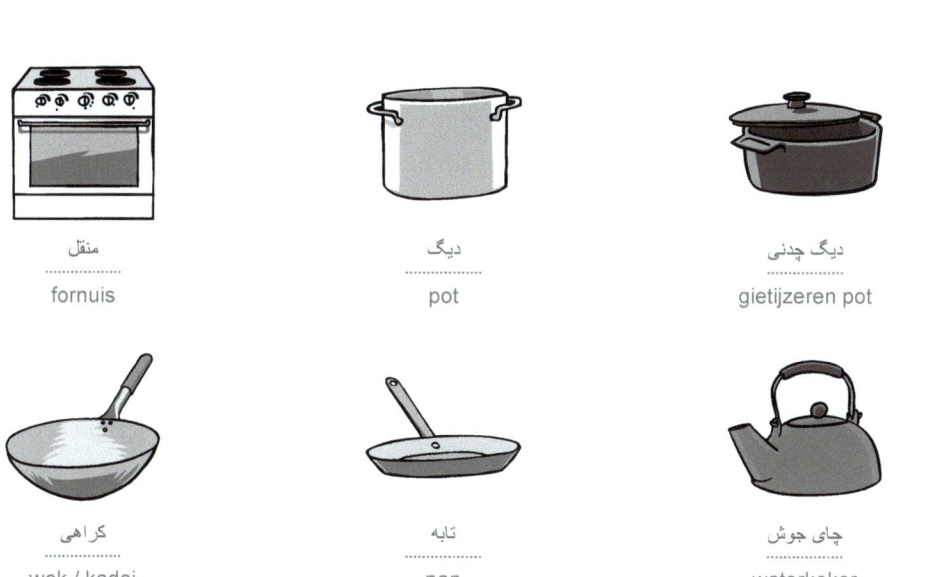

آشپزخانه
keuken

یخچال
koelkast
منقل مایکروویو
microgolfoven
keukenweegschaal
تستر
broodrooster
مواد شوینده
afwasmiddel
داش
oven
یخ دانی
vriesvak
سطل زباله
vuilnisbak
ظرفشویی
vaatwasmachine

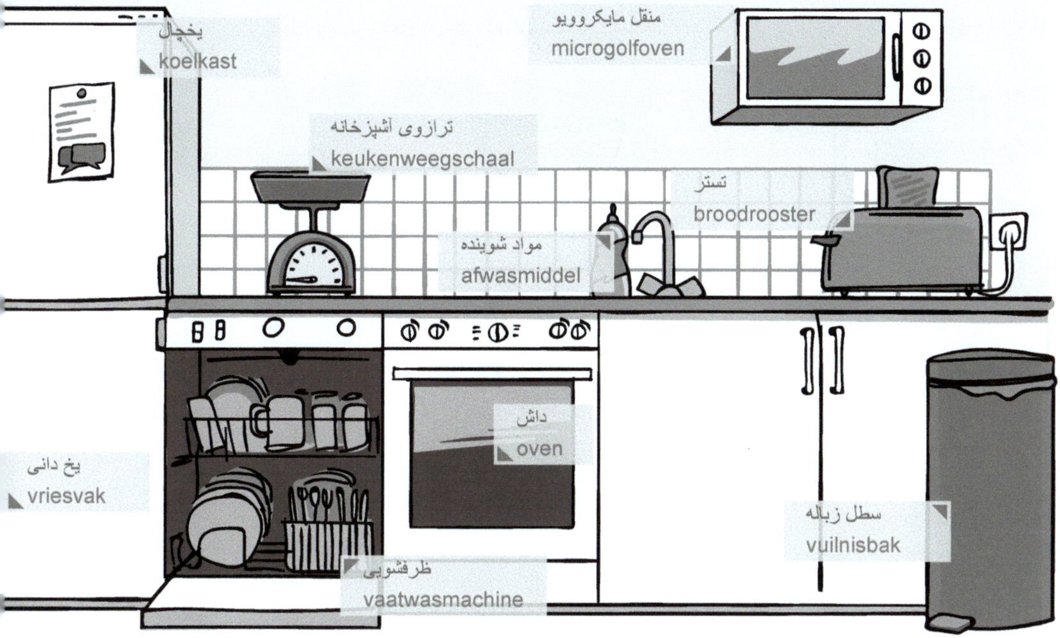

منقل
....
fornuis

دیگ
....
pot

دیگ چدنی
....
gietijzeren pot

کراهی
....
wok / kadai

تابه
....
pan

چای جوش
....
waterkoker

بخارپز

stoomkoker

پطنوس طباخی

bakplaat

ظروف

servies

پیاله کلان

mok

کاسه

kom

چاپستیک ها

eetstokjes

ملاقه

pollepel

کفگیر

spatel

مخلوط کننده

garde

چلو صاف

vergiet

غلبیل

zeef

رنده

rasp

هاونگ

mortier

بار بیکیو

barbecue

آتش باز

haardvuur

تخته برش

snijplank

آشگز

deegrol

سر بازکن

kurkentrekker

قوطی

blik

سر باز کن

blikopener

دستگیره تکه ای

pannenlap

ظرف شویی

gootsteen

برس ظرف شویی

borstel

اسفنج

spons

مخلوط کن

blender

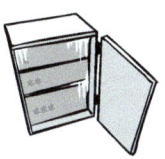

فریزر

vriezer

شیر چوشک اطفال

papfles

نل آب

kraan

حمام / دستشویی

badkamer

شاور
douche
گرم کننده
verwarming
جان پاک
handdoek
پرده حمام
douchegordijn
حمام کف
bubbelbad
تب حمام
badkuip
گیلاس
glas
ماشین لباسشویی
wasmachine
نل آب
kraan
کاشی
tegels
پات اطفال
kinderpo
ظرف شویی
gootsteen

تشناب
toilet

کمود فرشی
hurktoilet

کمود
bidet

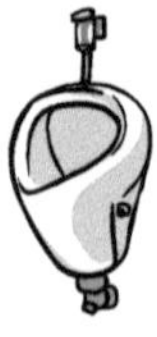

تشناب مرد ها
urinoir

کاغذ تشناب
toiletpapier

برس کمود
toiletborstel

برس دندان

tandenborstel

کریم دندان

tandpasta

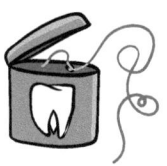

نخ دندان

flosdraad

شستن

wassen

شاور دستی

handdouche

شاور کمود

bidethanddouche

دستشویی

waskom

برس پشت

rugborstel

صابون

zeep

جل حمام

douchegel

شامپو

shampoo

لیف

washandje

آب رو

afvoer

کریم

crème

بوزدا

deodorant

آینه

spiegel

آینه دستی

handspiegel

ریش تراش

scheermes

کف ریش تراشی

scheerschuim

کلونیا

aftershave

شانه موی

kam

برس

borstel

سشوار

haardroger

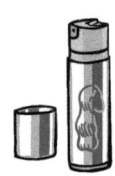

اسپری مو

haarlak

آرایش

make-up

لب سرین

lippenstift

رنگ ناخن

nagellak

پشم پنبه

watten

ناخن گیر

nagelknipper

عطر

parfum

کیسه شستشو

toilettas

چوکی چار پایه

kruk

ترازوی وزن

weegschaal

جان پاک

badjas

دستکش پلاستیکی

latex handschoenen

تامپون

tampon

کوتکس

maandverband

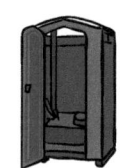

تشناب سیار

chemisch toilet

اطاق اطفال
kinderkamer

ساعت زنگ دار
wekker
گدی های نرم
knuffel
موتر سامان بازی
speelgoedauto
جرنگانه
rammelaar
خانه گدی
poppenhuis
هدیه
geschenk

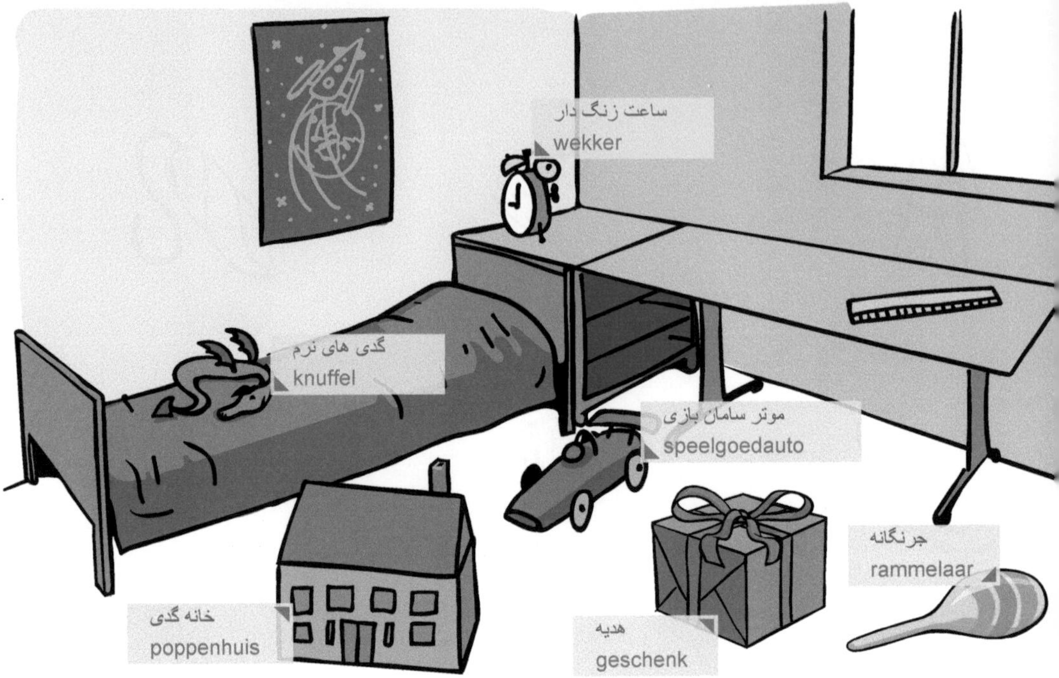

پوقانه
ballon

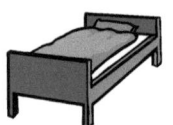

تختخواب
bed

ریکشه اطفال
kinderwagen

قطعه بازی
spel kaarten

پازل
puzzel

خنده آور
stripboek

خشت های لگو

legoblokjes

بلوک های سامان بازی

blokken

پچه فلم

actiefiguur

لباس طفل

kruippakje

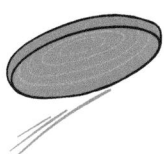
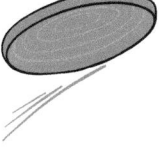

فریزبی

frisbee

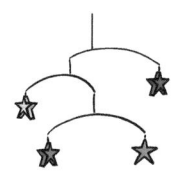

سامان بازی که روی تخت خواب اطفال
اویزان می شود

mobiel

بازی تخته یی

bordspel

تاس

dobbelsteen

ریل اسباب بازی

modelspoorweg

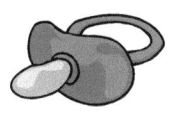

چوشک

fopspeen

مهمانی

feest

کتاب تصویری

prentenboek

توپ

bal

گدیگک

pop

بازی کردن

spelen

جعبه ریگ

zandbak

گاز

schommel

اسباب بازی

speelgoed

کنسول بازی کمپیوتری

spelconsole

سه چرخه

driewieler

خرس سامان بازی

knuffelbeer

الماری لباس

kleerkast

لباس

kleding

جوراب

sokken

جوراب دراز

kousen

برجس

maillot

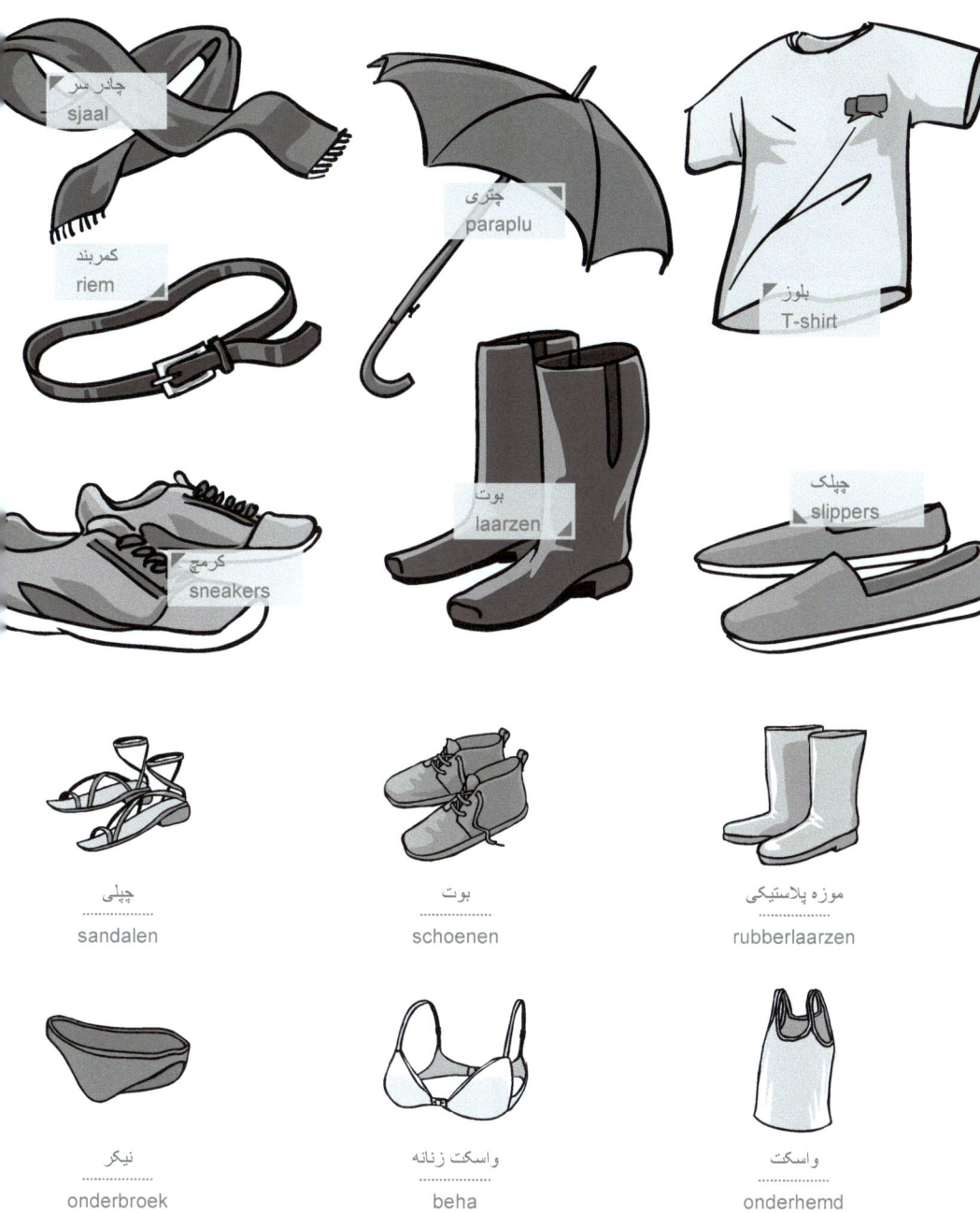

چادر سر
sjaal

چتری
paraplu

بلوز
T-shirt

کمربند
riem

بوت
laarzen

کرمچ
sneakers

چپلک
slippers

چپلی
....
sandalen

بوت
....
schoenen

موزه پلاستیکی
....
rubberlaarzen

نیکر
....
onderbroek

واسکت زنانه
....
beha

واسکت
....
onderhemd

بدن

lichaam

برزو

broek

پتلون کاوبای

jeans

دامن

rok

بلوز

blouse

پیراهن

hemd

یالان

trui

جاکت کلاه دار

capuchontrui

جاکت

blazer

چمپر

jas

کورتی

jas

کوت بارانی

regenjas

لباس مخصوص مراسم

kostuum

پیراهن

jurk

لباس عروسی

trouwjurk

دريشی
pak

لباس خواب
nachthemd

پاجامه
pyjama

ساری
sari

چادر سر
hoofddoek

لنگی
tulband

چادری
boerka

كفتان
kaftan

چادر
abaya

لباس آببازی
badpak

نيكر پاچه دار
zwembroek

پتلون نصفه
short

لباس ورزشی
trainingspak

پيش بند
schort

دستكش
handschoenen

دكمه

knoop

عينک

bril

دستبند

armband

گردن بند

ketting

انگشتر

ring

گوشواره

oorbel

کلاه پیک دار

pet

کوت بند

kapstok

کلاه

hoed

نیکتایی

das

زیپ

rits

کلاه مصون

helm

بند تنبان

bretellen

یونیفورم مکتب

schooluniform

یونیفورم

uniform

پیش بند

slabbetje

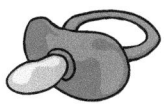

چوشک

fopspeen

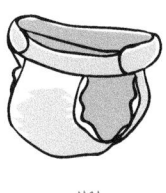

پمپر

luier

دفتر

kantoor

سرور
server
الماری اسناد
dossierkast
پرینتر
printer
کاغذ
papier
مانیتور
monitor
ماوس
muis
میز کار
bureau
فولدر
map
کیبورد
toestenbord
سبد کاغذ باطله
papiermand
کمپیوتر
computer
چوکی
stoel

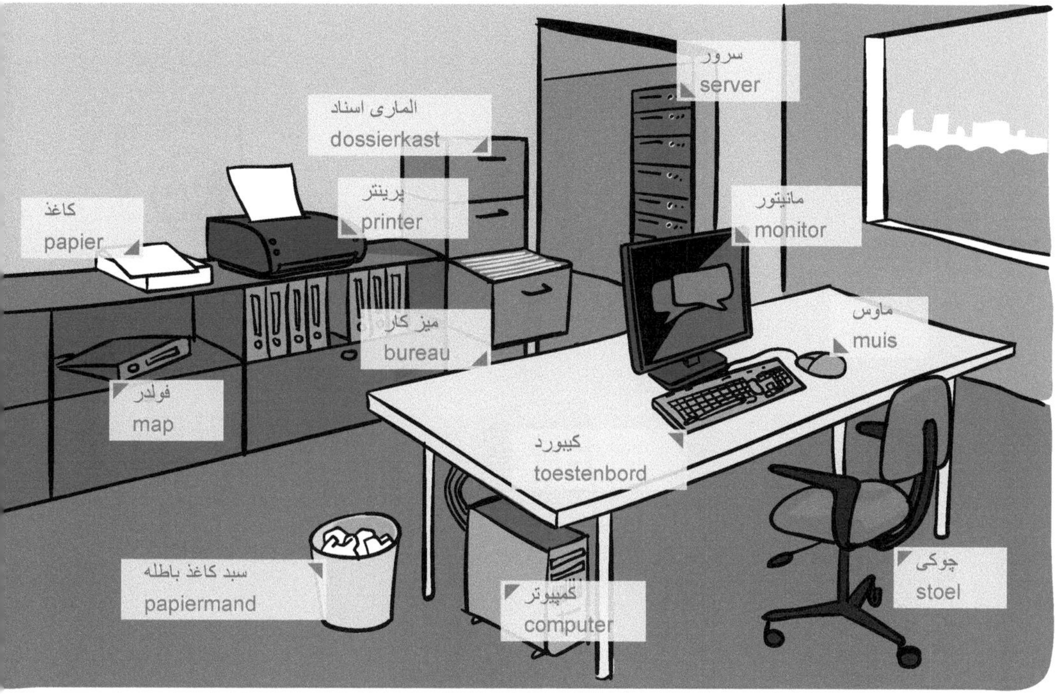

گیلاس قهوه

koffiemok

ماشین حساب

rekenmachine

اینترنت

internet

لپ تاپ

laptop

نامه

brief

پیام

bericht

موبایل

gsm

شبکه

netwerk

ماشین فوتوکاپی

kopieerapparaat

نرم افزار

software

تلیفون

telefoon

پلک

stopcontact

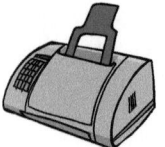

دستگاه فکس

fax

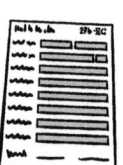

فورمه

formulier

سند

document

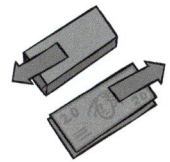

خرید کردن

kopen

پرداختن

betalen

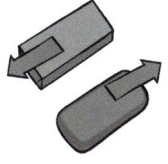

تجارت کردن

handelen

پول

geld

دالر

dollar

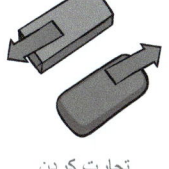

یورو

euro

ین

yen

روبل

roebel

فرانک سوئیس

Zwitserse frank

یوان رنمینبی

Chinese renminbi

روپیه

roepie

خودپرداز

geldautomaat

دفتر صرافی

wisselkantoor

طلا

goud

نقره

zilver

نفت

olie

انرژی

energie

قیمت

prijs

قرارداد

contract

مالیات

belasting

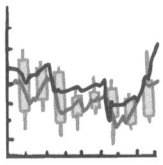

سهام

aandeel

کار کردن

werken

کارمند

werknemer

استخدام کننده

werkgever

فابریکه

fabriek

مغازه

winkel

شغل ها

beroepen

افسر پولیس
politieagent
آتش نشان
brandweerman
آشپز
kok
داکتر
dokter
پیلوت
piloot

باغبان

tuinman

نجار

timmerman

خیاط

naaister

قاضی

rechter

کیمیا دان

chemicus

بازیگر

acteur

راننده بس

buschauffeur

راننده تکسی

taxichauffeur

ماهیگیر

visser

خدمه

schoonmaakster

سقف ساز

dakdekker

پیشخدمت

ober

شکارچی

jager

نقاش

schilder

نانوا

bakker

برقی

elektricien

بنا

bouwvakker

انجنیر

ingenieur

قصاب

slager

نلدوان

loodgieter

پستچی

postbode

سرباز

soldaat

معمار

architect

صندوقدار

kassier

گل فروش

bloemist

آرایشگر

kapper

مامور تکت ریل

conducteur

میخانیک

mecanicien

کاپیتان

kapitein

داکتر دندان

tandarts

دانشمند

wetenschapper

خاخام/ عالم یهودی

rabbijn

امام

imam

راهب

monnik

ملا

geestelijke

ابزار
werktuigen

چکش
hamer
پلاس
tang
پیچ کش
schroevendraaier
رینچ
schroefsleutel
چراغ دستی
zaklamp

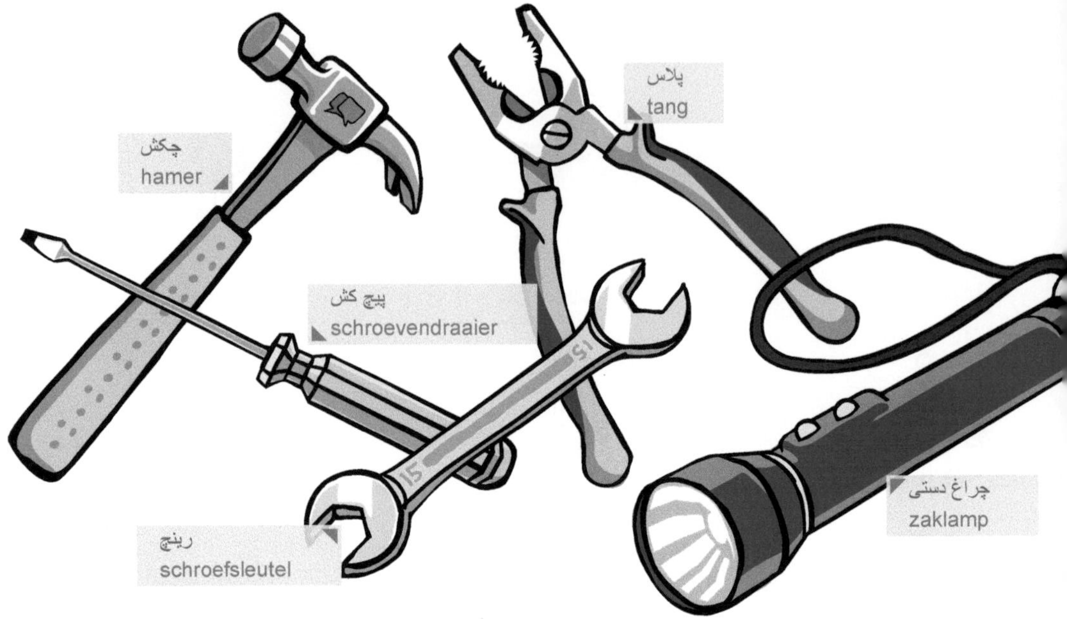

ماشین حفاری

graafmachine

جعبه ابزار

gereedschapskoffer

زینه

ladder

اره

zaag

میخ

spijkers

برمه

boormachine

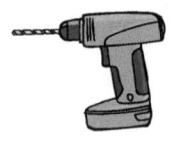

ترمیم کردن
....
repareren

بیل
....
schop

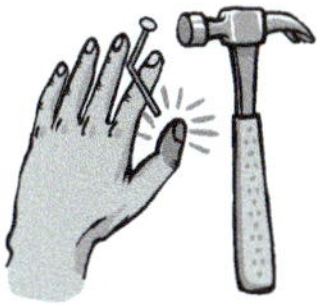

لعنتی!
....
Verdomme!

خاکروبه
....
blik

سطل رنگ
....
verfpot

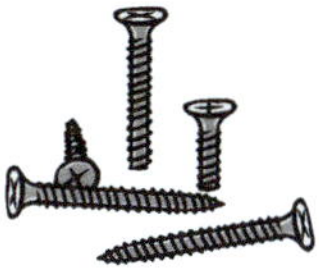

پیچ
....
schroeven

آلات موسیقی

muziekinstrumenten

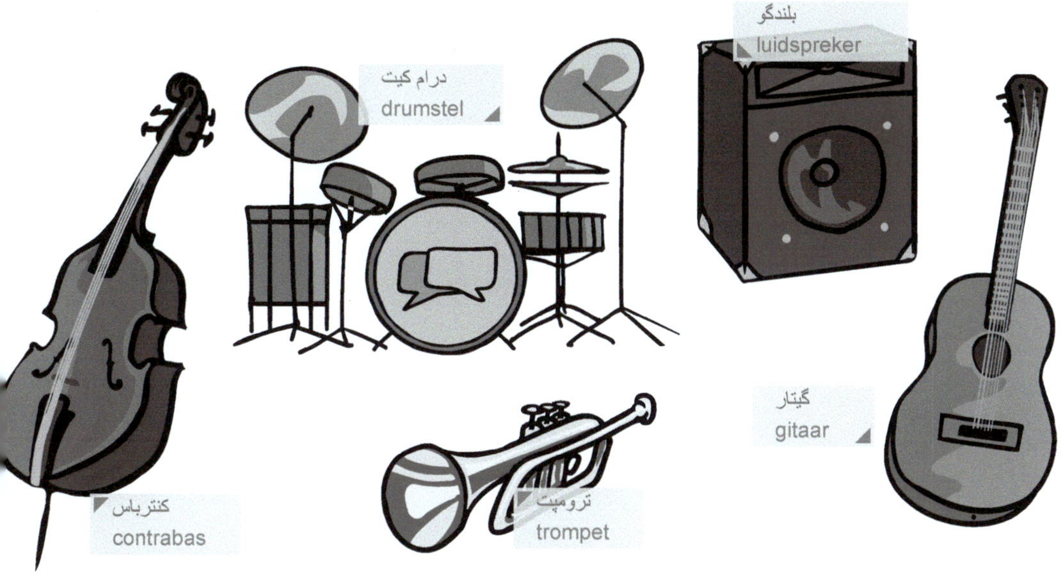

درام کیت
drumstel ◄

بلندگو
luidspreker

گیتار
gitaar ◄

کنترباس
contrabas

ترومپت
trompet

پیانو

piano

وایلن

viool

گیتار بیس

basgitaar

دهل

pauk

دول

trommels

پیانوی برقی

keyboard

ساکسوفون

saxofoon

توله

fluit

میکروفون

microfoon

باغ وحش

zoo

ورودی
ingang
ببر
tijger
قفس
kooi
گوره خر
zebra
غذای حیوانات
diereneten
پاندا
panda

حیوانات

dieren

فیل

olifant

کانگورو

kangoeroe

غژ گاو

neushoorn

گوریلا

gorilla

خرس

beer

شتر

kameel

شترمرغ

struisvogel

شیر

leeuw

میمون

aap

فلامینگو

flamingo

طوطی

papegaai

خرس قطبی

ijsbeer

پنگوئن

pinguïn

کوسه

haai

طاووس

pauw

مار

slang

تمسا

krokodil

نگهبان باغ وحش

dierenverzorger

سگ آبی

zeehond

پلنگ خالدار امریکایی

jaguar

اسب کوچک
....
pony

پلنگ
....
luipaard

اسب آبی
....
nijlpaard

زرافه
....
giraffe

عقاب
....
adelaar

خوک وحشی
....
wild zwijn

ماهی
....
vis

سنگ پشت
....
zeeschildpad

شیر دریایی
....
walrus

روباه
....
vos

غزال
....
gazelle

ورزش ها

sporten

فوتبال امریکایی
rugby
بایسکل سواری
wielrennen
تنیس
tennis
باسکتبال
basketbal
آب بازی
zwemmen
هاکی روی یخ
ijshockey
بوکس
boksen

فوتبال

voetbal

بدمینتون

badminton

ورزشکاری

atletiek

هندبال

handbal

اسکی

skiën

پولو

polo

فعالیت ها

activiteiten

خندیدن
lachen
خیز زدن
springen
بغل کردن
knuffelen
راه رفتن
wandelen
خواندن
zingen
خواب دیدن
dromen
دعا کردن
bidden
بوسیدن
kussen

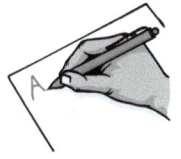

نوشتن
schrijven

کشیدن
tekenen

نشان دادن
tonen

تیله کردن
duwen

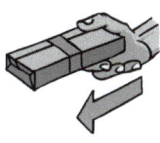

دادن
geven

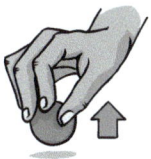

گرفتن
nemen

داشتن

hebben

انجام دادن

doen

بودن

zijn

ایستادن

staan

دویدن

lopen

کش کردن

trekken

پرتاب کردن

gooien

افتادن

vallen

دروغ گفتن

liggen

صبر کردن

wachten

حمل کردن

dragen

نشستن

zitten

لباس پوشیدن

aankleden

خوابیدن

slapen

بیدار شدن

ontwaken

نگاه کردن
....
kijken naar

گریه کردن
....
wenen

ضربه زدن
....
aaien

شانه کردن
....
kammen

صحبت کردن
....
praten

فهمیدن
....
begrijpen

پرسیدن
....
vragen

گوش دادن
....
luisteren

نوشیدن
....
drinken

خوردن
....
eten

مرتب کردن
....
opruimen

عشق ورزیدن
....
houden van

پختن
....
koken

رانندہ گی کردن
....
rijden

پرواز کردن
....
vliegen

روی آب حرکت کردن

zeilen

حساب کردن

rekenen

خواندن

Lezen

یاد گرفتن

leren

کار کردن

werken

ازدواج کردن

trouwen

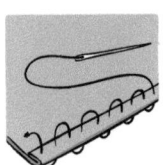

دوختن

naaien

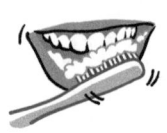

برس کردن دندان ها

tandenpoetsen

کشتن

doden

سگریت کشیدن

roken

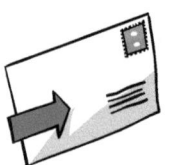

فرستادن

sturen

فامیل
familie

مادرکلان
grootmoeder
پدرکلان
grootvader
پدر
vader
مادر
moeder
نوزاد
baby
دختر
dochter
پسر
zoon

مهمان

gast

عمه / خاله

tante

ماما/کاکا

oom

برادر

broer

خواهر

zus

بدن

lichaam

پیشانی
voorhoofd
چشم
oog
شانه
schouder
انگشت
vinger
روی
gezicht
زنخ
kin
دست
hand
پا
been
سینه
borst
بازو
arm

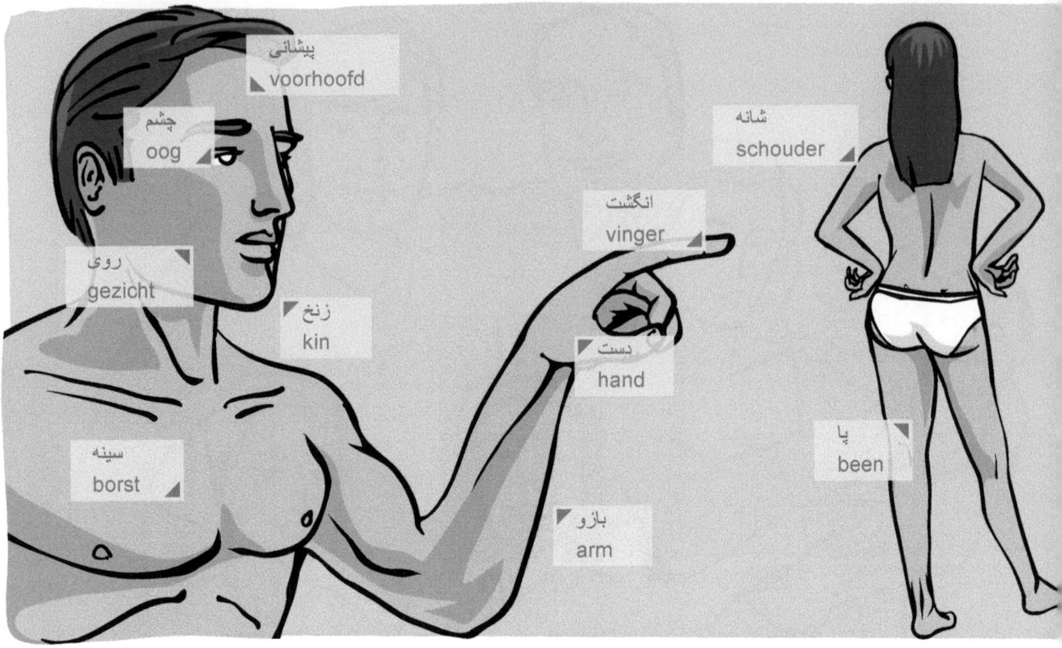

نوزاد

baby

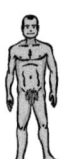

مرد

man

زن

vrouw

دختر

meisje

پسر

jongen

سر

hoofd

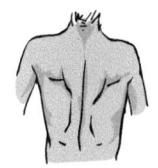

کمر

rug

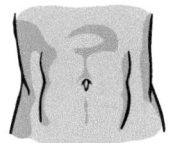

شکم

buik

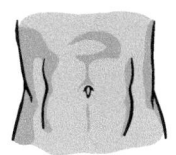

ناف

navel

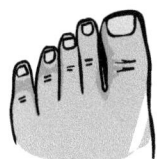

انگشت پا

teen

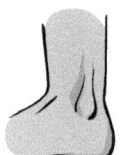

کوری پای

hiel

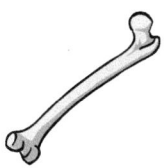

استخوان

bot

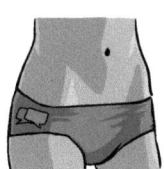

کمر

heup

زانو

knie

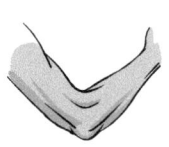

آرنج

elleboog

بینی

neus

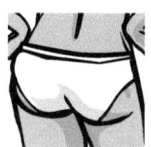

سرین

zitvlak

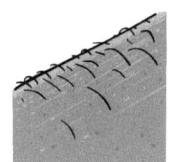

پوست

huid

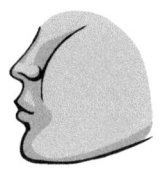

کومه

wang

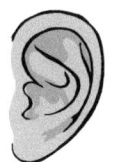

گوش

oor

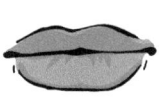

لب

lip

دهان

....

mond

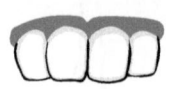

دندان

....

tand

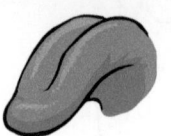

زبان

....

tong

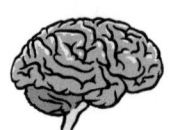

مغز

....

hersenen

قلب

....

hart

عضله

....

spier

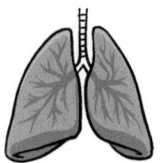

شش

....

long

جگر

....

lever

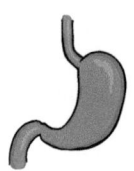

معده

....

maag

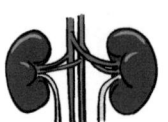

گرده

....

nieren

رابطه جنسی

....

seks

کاندوم

....

condoom

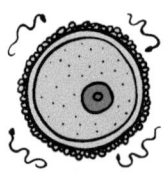

تخمه

....

eicel

آب منی

....

sperma

حاملگی

....

zwangerschap

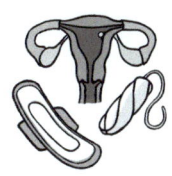

قاعده گی

menstruatie

مجرای تناسلی زن

vagina

آلت تناسلی مرد

penis

ابرو

wenkbrauw

مو

haar

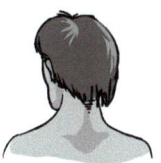

گردن

nek

شفاخانه

ziekenhuis

ziekenhuis
آمبولانس
ambulance
چوکی چرخدار
rolstoel
شکستگی
breuk

داکتر

dokter

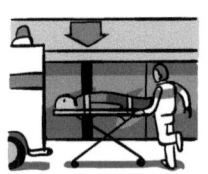

اطاق عاجل

spoed

نرس

verpleegkundige

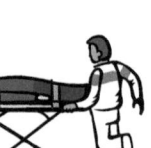

عاجل

noodgeval

بیهوش

bewusteloos

درد

pijn

جراحت

verwonding

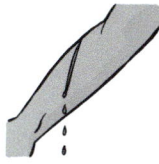

خونریزی

bloeding

حمله قلبی

hartaanval

سکته مغزی

beroerte

حساسیت

allergie

سرفه

hoest

تب

koorts

انفلوانزا

griep

اسهال

diarree

سردرد

hoofdpijn

سرطان

kanker

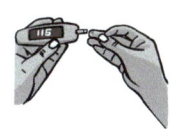

شکر

diabetes

جراح

chirurg

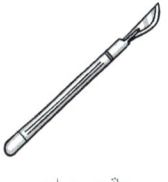

چاقوی جراحی

scalpel

عملیات

operatie

سی تی

CT

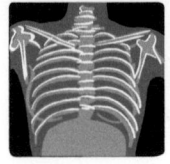

ایکسری

röntgenstraal

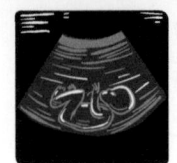

سونوگرافی

ultrageluid

ماسک روی

gezichtsmasker

مریضی

ziekte

اطاق انتظار

wachtkamer

عصا

kruk

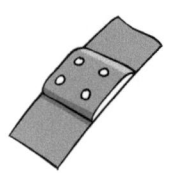

گچ

pleister

پانسمان

verband

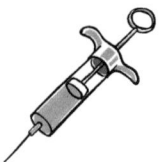

تزریق

injectie

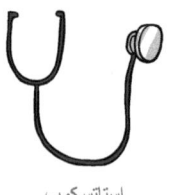

استاتسکوپ

stethoscoop

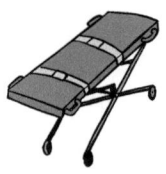

تذکره

brancard

ترمامیتر کلینیکی

thermometer

تولد

geboorte

اضافه وزن

overgewicht

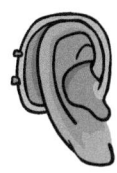

سمعک
hoorapparaat

ضدعفونی کننده
ontsmettingsmiddel

عفونت
infectie

وایروس
virus

اچ آی وی / ایدز
HIV / AIDS

ادویه
medicijn

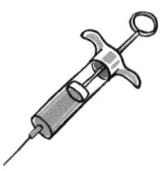

واکسیناسیون
vaccinatie

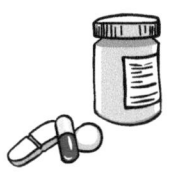

تابلیت ها
tabletten

تابلیت
pil

تماس اضطراری
noodoproep

مانیتور فشار خون
bloeddrukmeter

بیمار / سالم
ziek / gezond

noodgeval

کمک!
....
Help!

زنگ هشدار
....
alarm

تجاوز
....
overval

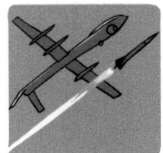

حمله
....
aanval

خطر
....
gevaar

خروج اضطراری
....
nooduitgang

آتش!
....
Brand!

آله ضد حریق
....
brandblusser

حادثه
....
ongeval

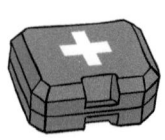

بکسه کمک های اولیه
....
EHBO-kit

پیام اضطراری
....
SOS

پولیس
....
politie

اروپا

Europa

امریکای شمالی

Noord-Amerika

امریکای جنوبی

Zuid-Amerika

آفریقا

Afrika

آسیا

Azië

استرالیا

Australië

اقیانوس اطلس

Atlantische Oceaan

اقیانوس آرام

Stille Oceaan

اقیانوس هند

Indische Oceaan

اقیانوس منجمد جنوبی

Antarctische Oceaan

اقیانوس منجمد شمالی

Arctische Oceaan

قطب شمال

Noordpool

قطب جنوب

Zuidpool

قاره قطب جنوب

Antarctica

زمین

aarde

خشکی

land

دریا

zee

جزیره

eiland

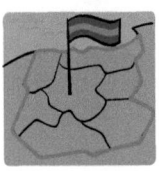

ملت

natie

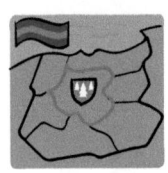

کشور

staat

ساعت

klok

روی ساعت

wijzerplaat

عقربه ساعت شمار

uurwijzer

عقربه دقیقه شمار

minuutwijzer

عقربه ثانیه شمار

secondewijzer

ساعت چند است؟

Hoe laat is het?

روز

dag

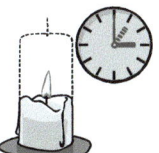

زمان

tijd

اکنون

nu

ساعت دستی دیجیتل

digitale horloge

دقیقه

minuut

ساعت

uur

هفته

week

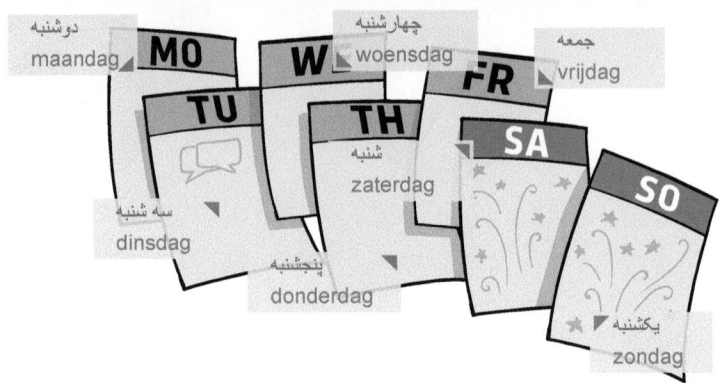

دوشنبه
maandag
سه شنبه
dinsdag
چهارشنبه
woensdag
W
پنجشنبه
donderdag
جمعه
vrijdag
شنبه
zaterdag
یکشنبه
zondag

دیروز

gisteren

امروز

vandaag

فردا

morgen

صبح

ochtend

ظهر

middag

غروب

avond

روزهای کاری

werkdagen

آخر هفته

weekend

باران
regen
رنگین کمان
regenboog
شمال
wind
برف
sneeuw
بهار
lente
خزان
herfst
تابستان
zomer
زمستان
winter

پیش بینی آب و هوا

weervoorspelling

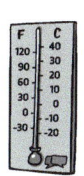

ترمامیتر

thermometer

آفتاب

zonneschijn

ابر

wolk

غبار

mist

رطوبت

vochtigheid

رعد و برق
....
bliksem

الماسک
....
donder

طوفان
....
storm

ژاله
....
hagel

موسم بارندگی
....
moesson

سیل
....
overstroming

یخ
....
ijs

جنوری
....
januari

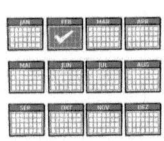

فبروری
....
februari

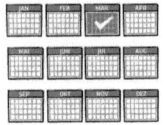

مارچ
....
maart

اپریل
....
april

می
....
mei

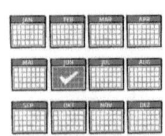

جون
....
juni

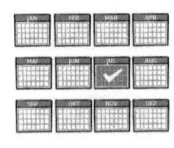

جولای
....
juli

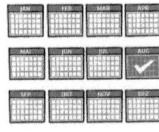

اگست
....
augustus

سپتمبر
....
september

اکتوبر
....
oktober

نومبر
....
november

دسمبر
....
december

شکل ها

vormen

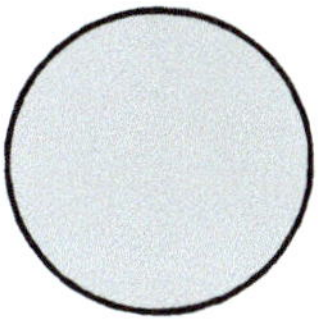

دایره
....
cirkel

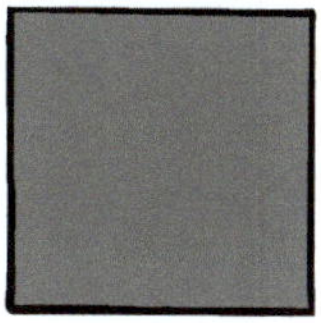

مربع
....
kwadraat

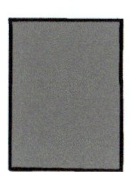

مستطیل
....
rechthoek

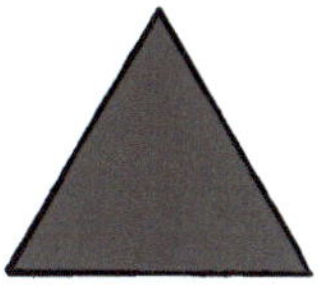

مثلث
....
driehoek

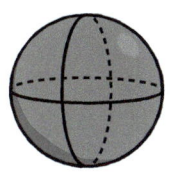

کره
....
bol

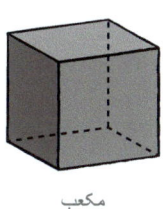

مکعب
....
kubus

رنگ ها

kleuren

سفید

wit

زرد

geel

نارنجی

oranje

گلابی

roze

سرخ

rood

بنفش

paars

آبی

blauw

سبز

groen

نصواری/قهوه یی

bruin

خاکستری

grijs

سیاه

zwart

tegengestelden

زیاد / کم

veel / weinig

عصبانی / آرام

boos / kalm

مقبول / بدرنگ

mooi / lelijk

آغاز / پایان

begin / einde

بزرگ / کوچک

groot / klein

روشن / تیره

licht / donker

برادر / خواهر

broer / zus

پاک / کثیف

proper / vuil

کامل / ناقص

volledig / onvolledig

روز / شب

dag / nacht

مرده / زنده

dood / levend

عریض / باریک

breed / smal

خوراکی / غیر خوراکی

eetbaar / oneetbaar

عصبانی / دوستانه

kwaadaardig / vriendelijk

هیجان زده / کسل

opgewonden / verveeld

چاق / لاغر

dik / dun

اول / آخر

eerst / laatst

دوست / دشمن

vriend / vijand

پر / خالی

vol / leeg

سخت / نرم

hard / zacht

سنگین / سبک

zwaar / licht

گرسنگی / تشنگی

honger / dorst

بیمار / سالم

ziek / gezond

غیر قانونی / قانونی

illegaal / legaal

باهوش / احمق

intelligent / dom

چپ / راست

links / rechts

نزدیک / دور

dichtbij / veraf

نو / کهنه

nieuw / gebruikt

هیچ چیز / چیزی

niets / iets

پیر / جوان

oud / jong

روشن / خاموش

aan / uit

باز / بسته

open / dicht

بی صدا / پر سر و صدا

stil / luid

ثروتمند / فقیر

rijk / arm

صحیح / غلط

juist / fout

ناهموار/ هموار

ruw / glad

غمگین / خوشحال

droevig / blij

کوتاه / بلند

kort / lang

آهسته / سریع

traag / snel

تر / خشک

nat / droog

گرم / سرد

warm / koud

جنگ / صلح

oorlog / vrede

اعداد

cijfers

0	1	2
صفر	یک	دو
nul	één	twee
3	4	5
سه	چهار	پنج
drie	vier	vijf
6	7	8
شش	هفت	هشت
zes	zeven	acht
9	10	11
نه	ده	یازده
negen	tien	elf

12
دوازده
twaalf

13
سیزده
dertien

14
چهارده
veertien

15
پانزده
vijftien

16
شانزده
zestien

17
هفده
zeventien

18
هجده
achtien

19
نوزده
negentien

20
بیست
twintig

100
صد
honderd

1.000
هزار
duizend

1.000.000
میلیون
miljoen

زبان ها

Talen

انگلیسی

Engels

انگلیسی امریکایی

Amerikaans Engels

چینی ماندارین

Chinees (Mandarijn)

هندی

Hindi

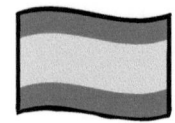

اسپانیایی

Spaans

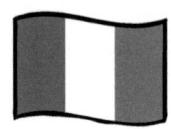

فرانسوی

Frans

عربی

Arabisch

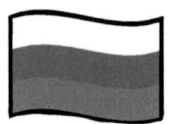

روسی

Russisch

پرتغالی

Portugees

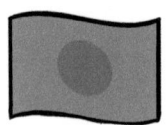

بنگالی

Bengali

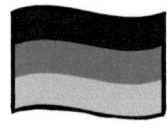

آلمانی

Duits

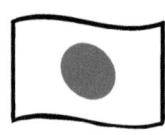

جاپانی

Japans

کی/چی/چطور
wie / wat / hoe

من

ik

شما

u

او / او / آن

hij / zij / het

ما

wij

شما

u

آن ها

ze

کی؟

wie?

چی؟

wat?

چطور؟

hoe?

کجا؟

waar?

چه وقت؟

wanneer?

اسم

naam

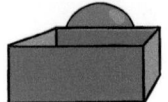

کجا

waar

عقب

achter

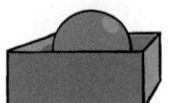

در

in

پیش روی

voor

بالا

boven

روی

op

زیر

onder

پهلو

naast

میان

tussen

محل

plaats